Bonne Idée

Time saving resources and ideas for busy French teachers

Nicolette Hannam and Michelle Williams

Brilliant
PUBLICATIONS

We hope you and your pupils enjoy using this book. Brilliant Publications publishes many other books for teaching modern foreign languages. To find out more details on any of the titles listed below, please log onto our website: www.brilliantpublications.co.uk.

100+ Fun Ideas for Practising Modern Foreign Languages in the Primary Classroom	978-1-903853-98-6
Chantez Plus Fort!	978-1-903853-37-5
Hexagonie Part 1	978-1-905780-59-4
Hexagonie Part 2	978-1-905780-18-1
Jouons Tous Ensemble	978-1-903853-81-8
C'est Français!	978-1-903853-02-3
J'aime Chanter!	978-1-905780-11-2
J'aime Parler!	978-1-905780-12-9
French Pen Pals Made Easy	978-1-905780-10-5
Loto Français	978-1-905780-45-7
French Festivals and Traditions	978-1-905780-44-0
Unforgettable French	978-1-905780-54-9
¡Es Español!	978-1-903853-64-1
Juguemos Todos Juntos	978-1-903853-95-5
¡Vamos a Cantar!	978-1-905780-13-6
Spanish Pen Pals Made Easy	978-1-905780-42-6
Lotto en Español	978-1-905780-47-1
Spanish Festivals and Traditions	978-1-905780-53-2
Buena Idea	978-1-905780-63-1
Das ist Deutsch	978-1-905780-15-0
Wir Spielen Zusammen	978-1-903853-97-9
German Pen Pals Made Easy	978-1-905780-43-3
Deutsch-Lotto	978-1-905780-46-4
German Festivals and Traditions	978-1-905780-52-5
Gute Idee	978-1-905780-65-5
Giochiamo Tutti Insieme	978-1-903853-96-2
Lotto in Italiano	978-1-905780-48-8
Buon'Idea	978-1-905780-64-8

Published by Brilliant Publications
Unit 10
Sparrow Hall Farm
Edlesborough
Dunstable
Bedfordshire
LU6 2ES, UK

Sales and stock enquiries:
Tel: 01202 712910
Fax: 0845 1309300
E-mail: brilliant@bebc.co.uk
Website: www.brilliantpublications.co.uk

General information enquiries:
Tel: 01525 222292

The name Brilliant Publications and the logo are registered trademarks.

Written by Nicolette Hannam and Michelle Williams
Illustrated by Catherine Ward
Designed by Bookcraft Ltd
Front cover designed by Brilliant Publications

ISBN 978-1-905780-62-4

First printed and published in the UK in 2009

Contents

Introduction

This book was written by a secondary and a primary school teacher to provide key vocabulary for twenty topics, and to give teachers ideas for introducing, teaching, reinforcing and extending new vocabulary. Each topic has key vocabulary, word matching cards, an activity sheet, a puzzle page, and ideas for extending learning through sentence building. Many topics also have picture cards. Using the book can support the teacher in covering many of the objectives in the **Framework for Modern Foreign Languages** using a choice of fun and lively activities.

The key vocabulary pages can be enlarged to A3 for classroom display, or photocopied and laminated as reference cards. The word and picture matching cards can be used in many ways. Lessons should begin with work on the Oracy Objectives in the **Framework** by repeating the new words after the teacher and playing some flashcard games. The children can then work in mixed ability pairs, using the photocopiable sheets from the book. They can match the words face up, then progress to matching them face down in a 'pairs' game. They could also play snap. They could glue the English words on an A3 sheet and carefully write the French words next to them, or glue on the French words, and draw pictures to match each word, and progress to writing the new words from memory.

The sentence building sheets can further develop the children's language skills, reinforcing vocabulary by using it in simple sentences. The suggestions work towards the Literacy Objectives in the **Framework** and will further develop children's reading and writing skills. The puzzle pages reinforce the language further in a fun way, and could also be used for homework.

Children should be encouraged to think about how they learn new vocabulary, a skill the Language Learning Strategies section of the **Framework** encourages. **Visual learners** will benefit from the matching sheets, and from drawing pictures to match. **Auditory learners** will benefit from repeating after the teacher and hearing their partner say the new words, perhaps during a game of snap. **Kinaesthetic learners** will enjoy cutting the words up and matching them. Using a variety of methods will cater for the many different learning styles in a class and ensure that confidence and ability grow alongside each other.

The Knowledge about Language section of the **Framework** encourages children to focus on their pronunciation and intonation. It is crucial that the language on the sheets is modelled by the teacher, or using a CD or Internet resource, and followed up with songs and rhymes.

We use all of the resources in this book ourselves with much success. Our pupils enjoy the challenge of learning new vocabulary and complete the guided sheets with pride and confidence. We sincerely hope that you and your pupils enjoy learning and using their new vocabulary.

Les chiffres

Key vocabulary

0	*zéro*
1	*un*
2	*deux*
3	*trois*
4	*quatre*
5	*cinq*
6	*six*
7	*sept*
8	*huit*
9	*neuf*
10	*dix*
11	*onze*
12	*douze*

Allez, on compte! We are going to count.

© Nicolette Hannam, Michelle Williams and Brilliant Publications. Bonne Idée.

Les chiffres

1	2	3
4	5	6
un	deux	trois
quatre	cinq	six

6

© Nicolette Hannam, Michelle Williams and Brilliant Publications. Bonne Idée.

7	**8**	**9**
10	**11**	**12**
sept	*huit*	*neuf*
dix	*onze*	*douze*

Les chiffres

Nom: .... Date: ....

I can name and recognize numbers from 1 to 12 in French.
Write the word for each number carefully and neatly in the grid below.
Then draw the correct number of items to match. For example, write *un*
and draw one object. It can be anything you like, maybe a smiley face.

un	six	huit	trois	douze	sept
....	....	....	....	....	....
deux	quatre	neuf	cinq	onze	dix
....	....	....	....	....	....

Extra!

What is the highest number that you know in French?
Write it in words.

8

Les chiffres

Cherche les mots dans la grille.
Search for the words in the grid.

zéro	q	g	c	o	d	o	u	z	e	h
un	s	u	a	j	m	l	n	e	u	f
deux	j	o	a	p	l	s	e	w	x	v
trois	s	e	p	t	o	m	g	d	f	c
quatre	i	o	u	x	r	z	u	i	l	i
cinq										
six	x	j	t	o	d	e	u	x	p	n
sept	h	g	r	w	r	b	v	b	c	q
huit										
neuf	e	t	o	y	s	o	n	z	e	d
dix	h	u	i	t	r	q	p	o	y	t
onze										
douze	p	o	s	w	z	é	r	o	o	m

~~~~~~

Remets les lettres dans l'ordre.
Put the letters in order.

nu	un
ptes	....
uqtaer	....
roits	....
uiht	....
qinc	....
xdeu	....
fenu	....
xsi	....
nzoe	....
xid	....
eduoz	....

3

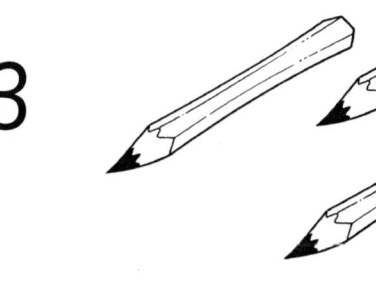

4

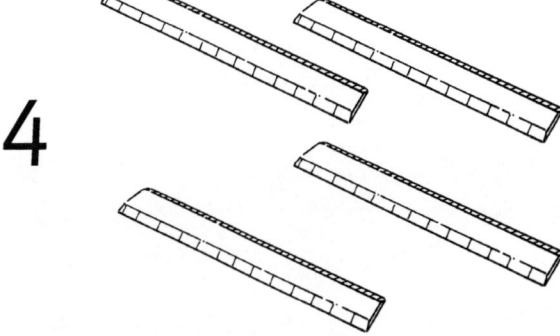

© Nicolette Hannam, Michelle Williams and Brilliant Publications. Bonne Idée.

Les chiffres

Sentence building

Ask a question

Tu as quel âge?	How old are you?
J'ai dix ans.	I am ten years old.

Play a game

C'est quel numéro?	What number am I thinking of?
C'est le numéro sept?	Is it number seven?
Non, c'est plus.	No, higher.
Non, c'est moins.	No, lower.
Oui, bonne réponse.	Yes, good answer.

Count items in the room

Il y a combien d'enfants?	How many children are there?
Il y a combien de chaises?	How many chairs are there?
Il y a ...	There are ...

Sing a song

Use a song to reinforce vocabulary such as 'Comptons jusqu'à 20' from *J'aime Chanter!*

Les jours

lundi	**Monday**
mardi	**Tuesday**
mercredi	**Wednesday**
jeudi	**Thursday**
vendredi	**Friday**
samedi	**Saturday**
dimanche	**Sunday**

Quel jour sommes-nous?
What day is it?

Quelle est la date aujourd'hui?
What's today's date?

C'est lundi!
It's Monday!

JUILLET 2009					
lundi		5	12	19	2
mardi		6	13	2	
mercredi		7	14	2	
jeudi	1	8	15	2	
vendredi	2	9	16	2	
samedi			17	24	31
dimanche	4	1	5		

Les jours

lundi	**Monday**
mardi	**Tuesday**
mercredi	**Wednesday**
jeudi	**Thursday**
vendredi	**Friday**
samedi	**Saturday**
dimanche	**Sunday**

Les jours

Nom: ....   Date: ....

I know the days of the week in French.

Write each day of the week carefully and then draw a picture to show what you may do on that day.

lundi	
mardi	
mercredi	
jeudi	
vendredi	
samedi	
dimanche	

Extra!

What do French children do on each day of the week?

© Nicolette Hannam, Michelle Williams and Brilliant Publications. Bonne Idée.

Les jours

Cherche les mots dans la grille.
Search for the words in the grid.

lundi
mardi
mercredi
jeudi
vendredi
samedi
dimanche
jour

v	n	u	o	j	o	u	r	u	r
b	e	g	f	e	e	o	p	e	s
d	n	n	h	i	d	u	o	u	i
i	m	b	d	n	s	a	d	e	w
m	e	r	c	r	e	d	i	i	l
a	l	m	n	b	e	g	h	s	l
n	h	s	a	m	e	d	i	j	u
c	k	x	c	m	z	a	i	p	n
h	o	l	y	u	r	e	w	s	d
e	p	o	o	t	m	a	r	d	i

Remets les lettres dans l'ordre.
Put the letters in order.

nudil	*lundi*
mrecrdei	....
drima	....
hemdianc	....
euijd	....
masedi	....
idrenved	....

Quel jour sommes-nous?
What day is it?

_ _ _ d _   *lundi*

_ _ _ _ r _ _ _

_ _ m _ _ _ _ _

_ e _ _ _

_ _ _ d _ _ _ _

Les jours

Ask a question

Quel jour sommes-nous?   What day is it?
C'est lundi/mardi.   It's Monday/Tuesday.

Quelle est la date aujourd'hui?   What is today's date?
C'est lundi 4 mai.   It's Monday the 4th of May.

Don't forget to use *premier* in French for 'the 1st'.

C'est le samedi premier mars.   It's Saturday 1st March.

Add a preference

Quel est ton jour préféré?   Which is your favourite day?

 *Je préfère le samedi.*   I like Saturday best.

Je déteste le lundi.   I hate Mondays.

Sing a song

Use a song to reinforce vocabulary such as 'Les jours de la semaine' from *J'aime Chanter!*

© Nicolette Hannam, Michelle Williams and Brilliant Publications. Bonne Idée.

Les mois

janvier	**January**
février	**February**
mars	**March**
avril	**April**
mai	**May**
juin	**June**
juillet	**July**
août	**August**
septembre	**September**
octobre	**October**
novembre	**November**
décembre	**December**

Quelle est la date de ton anniversaire?

When is your birthday?

Mon anniversaire, c'est le dix janvier.

My birthday is on the 10th of January.

Quelle est la date aujourd'hui?

What is today's date?

C'est lundi 23 juin.

It's Monday, the 23rd June.

Les mois

janvier	**January**
février	**February**
mars	**March**
avril	**April**
mai	**May**
juin	**June**

Les mois

juillet	**July**
août	**August**
septembre	**September**
octobre	**October**
novembre	**November**
décembre	**December**

Les mois

Activity sheet

Nom: .... Date: ....

I know the months of the year in French.
Carefully write the months of the year in French. Draw a symbol for an event in each month. For example, a rabbit for Easter.

janvier ....

....

....

Extra!

Quelle est la date de ton anniversaire?
When is your birthday?

Les mois

Cherche les mots dans la grille.
Search for the words in the grid.

janvier		a	o	m	a	r	s	a	m	v	a
février		j	a	n	v	i	e	r	a	r	v
mars		u	u	b	r	t	p	s	i	n	r
avril		i	t	i	y	u	t	w	n	o	i
mai		l	b	v	n	v	e	s	z	v	l
juin		l	a	x	c	r	m	t	e	e	a
juillet		e	o	c	t	o	b	r	e	m	n
août		t	û	u	i	o	r	v	x	b	l
septembre		s	t	d	é	c	e	m	b	r	e
octobre		a	e	g	f	é	v	r	i	e	r
novembre											
décembre											

Remets les lettres dans l'ordre.
Put the letters in order.

nraejvi	*janvier*
arms	....
rbmcdecé	....
ima	....
ejtlilu	....
unji	....
vrfréie	....
ûota	....
permebest	....
teorocb	....
iarlv	....
ebnomerv	....

C'est quel mois?
What month is it?

_ _ _ v _ _ _   *janvier*

_ _ r _

_ u _ _ _ _ _

_ _ _ t

_ _ _ e _ _ _ _

Les mois

Ask a question

Quelle est la date de ton anniversaire?	When is your birthday?
Mon anniversaire, c'est le dix janvier.	My birthday is on the 10th of January.

Add a preference

Quel est ton mois préféré?   Which is your favourite month?

 *Je préfère le mois de mai.*   My favourite is May.

 *Je déteste le mois de janvier.*   I hate January.

Add the seasons

(au) printemps	(in) spring
(en) été	(in) summer
(en) automne	(in) autumn
(en) hiver	(in) winter

Janvier est en hiver.	January is in winter.
Mai est au printemps.	May is in spring.

Sing a song

Use a song to reinforce vocabulary such as 'Les mois l'anée' from *J'aime Chanter!*

© Nicolette Hannam, Michelle Williams and Brilliant Publications. Bonne Idée.

Ma famille

mon père	my father
ma mère	my mother
mon beau-père	my step-dad
ma belle-mère	my step-mum
mon frère	my brother
ma soeur	my sister
mon grand-père	my grandad
ma grand-mère	my grandma
mon oncle	my uncle
ma tante	my aunt
mon cousin	my cousin (boy)
ma cousine	my cousin (girl)

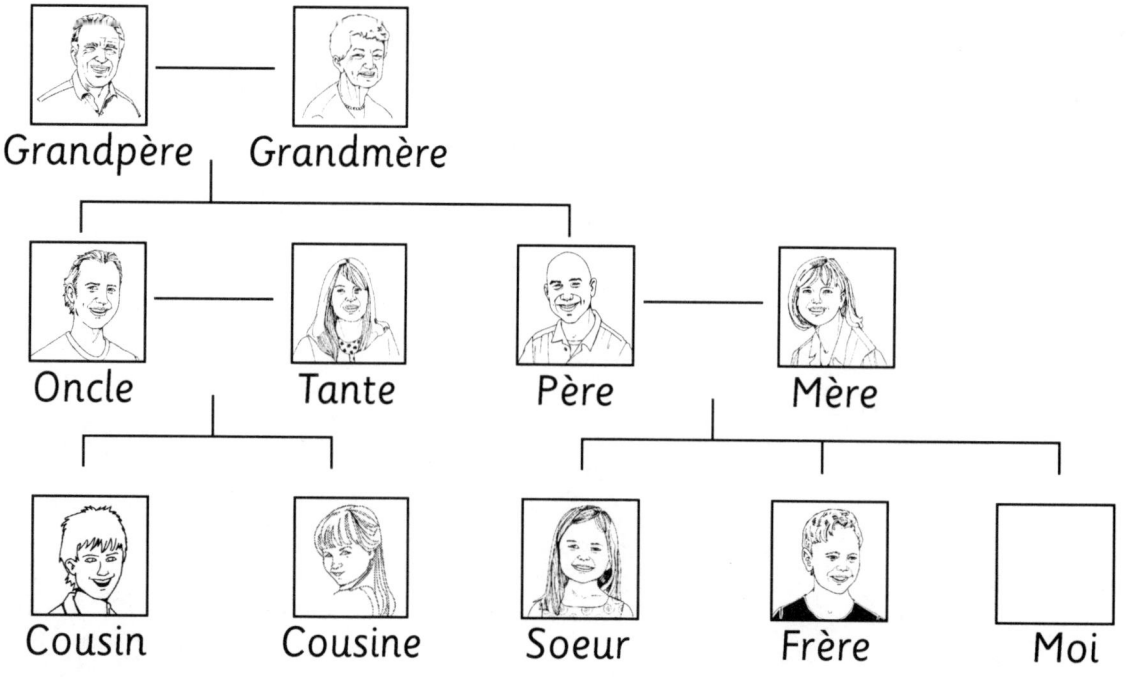

Grandpère   Grandmère

Oncle   Tante   Père   Mère

Cousin   Cousine   Soeur   Frère   Moi

Ma famille

père	father
mère	mother
frère	brother
soeur	sister
grand-père	grandad
grand-mère	grandma
tante	aunt
oncle	uncle

© Nicolette Hannam, Michelle Williams and Brilliant Publications. Bonne Idée.

Ma famille

père	
mère	
frère	
soeur	
grand-père	
grand-mère	
tante	
oncle	

Ma famille

Nom: .... Date: ....

I know the names of family members in French.

Draw yourself in the centre of this sheet and label it *Moi* (me).
Then add your immediate family and label them. For example: *Ma soeur, Rebecca.*

Extra!

> ## *Il y a combien de personnes chez toi?*
>
> How many people live with you?

© Nicolette Hannam, Michelle Williams and Brilliant Publications. Bonne Idée.

Ma famille

Cherche les mots dans la grille.
Search for the words in the grid.

père
mère
beau-père
belle-mère
frère
soeur
grand-père
grand-mère
oncle
tante
cousin
cousine

```
c  o  u  s  i  n  e  b  u  r  s  s
o  g  m  h  o  t  a  n  t  e  g  o
u  l  r  o  u  s  a  o  n  c  l  e
s  r  t  a  n  m  p  l  o  m  w  u
i  g  r  a  n  d  p  è  r  e  w  r
n  p  o  d  r  e  a  w  d  c  v
m  b  e  l  l  e  m  è  r  e  l  k
m  è  r  e  f  d  v  è  b  n  i  o
j  b  b  e  a  u  p  è  r  e  n  m
p  è  r  e  l  f  r  è  r  e  s  z
```

Remets les lettres dans l'ordre.
Put the letters in order.

nom peèr	mon père
am mèerdgrna	....
omn rèfer	....
am mrèe	....
nom lonce	....
am antte	....
am esour	....
nom prndrgaeè	....

Qui est-ce que?
Who is it?

_ a / _ o _ _ r   ma soeur

_ _ _ / p _ _ _

m _ / _ _ a _ _-m _ _ _

_ a / _ è _ _

_ _ n / _ _ _ l _

26

Ma famille

Add, 'dans ma famille, il y a ...'

Dans ma famille il y a mon père, ma mère, ma soeur et moi.
In my family there is my father, my mother, my sister and me.

Add a name

Mon père s'appelle George.	My father's name is George.
Ma mère s'appelle Mary.	My mother's name is Mary.

Add an age

Mon père a 30 ans.	My father is 30 years old.
Ma soeur a 6 ans.	My sister is 6 years old.

Add a simple description

Mon père est grand/de taille moyenne/petit.
My father is tall/medium height/small.
Ma mère est grande/de taille moyenne/petite.
My mother is tall/medium height/small.

Add a characteristic

Mon frère est marrant.	My brother is funny.
Ma soeur est bavarde.	My sister is a chatterbox.

More characteristics

English	Masculine	Feminine
nice	*sympa*	*sympa*
chatty	*bavard*	*bavarde*
annoying	*embêtant*	*embêtante*
kind	*gentil*	*gentille*
lazy	*paresseux*	*paresseuse*
funny	*marrant*	*marrante*

Sing a song

Reinforce vocabulary by using a song such as 'La famille Souris' from *Chantez Plus Fort*.

27

Les couleurs

rouge	red
bleu	blue
vert	green
jaune	yellow
orange	orange
marron	brown
violet	purple
rose	pink
noir	black
blanc	white
or	gold
argent	silver
gris	grey

Quelle est ta couleur préférée?

What is your favourite colour?

Ma couleur préférée est ...

My favourite colour is ...

Les couleurs

rouge	**red**
bleu	**blue**
orange	**orange**
jaune	**yellow**
vert	**green**
gris	**grey**

© Nicolette Hannam, Michelle Williams and Brilliant Publications. Bonne Idée.

✂ Matching cards

rose	**pink**
violet	**purple**
noir	**black**
blanc	**white**
or	**gold**
argent	**silver**

Les couleurs

Coloriez les cartes!
Colour the cards!

rouge	
bleu	
orange	
jaune	
vert	
rose	

Les couleurs

Coloriez les cartes!
Colour the cards!

violet	
noir	
blanc	
or	
argent	
gris	

Les couleurs

Nom: .... Date: ....

I know the colours in French.

Use the vocabulary box below to help you to draw some shapes.
Then colour them the right colour.

un carré rouge

un cercle jaune

un rectangle bleu

un triangle vert

un diamant blanc

un rhombe noir

un carré marron

un cercle rose

un triangle violet

un carré	a square	☐	un cercle	a circle	◯
un rectangle	a rectangle	▭	un triangle	a triangle	△
un diamant	a diamond	◇	un rhombe	a rhombus	▱

33

Les couleurs

Cherche les mots dans la grille.
Search for the words in the grid.

rouge	n	i	o	o	w	v	i	o	l	e	t	g
bleu												
vert	p	o	r	a	n	g	e	q	w	s	r	r
jaune	r	r	i	y	o	p	m	l	w	d	j	i
orange												
marron	o	r	r	r	s	a	c	e	i	b	a	s
violet	s	t	r	e	e	d	o	x	v	m	u	k
rose												
noir	e	l	v	e	r	t	u	b	l	a	n	c
blanc	b	l	e	u	t	m	l	n	b	r	e	d
or												
argent	w	t	r	o	u	g	e	r	y	r	m	n
gris	a	s	t	e	r	i	u	c	s	o	m	p
couleur	t	o	e	d	w	a	r	g	e	n	t	x

Remets les lettres dans l'ordre.
Put the letters in order.

eougr   *rouge*   oinr   ....

sroe   ....   clabn   ....

uebl   ....   trev   ....

engora   ....   rorman   ....

C'est de quelle couleur?
What colour is it?

rouge + blanc =   rose

rouge + jaune = ...

bleu + jaune = ...

blanc + noir = ...

bleu + rouge = ...

Relie les mots et les images.
Match the words and pictures.

A   B   C

rouge   ....

vert   ....

bleu   ....

Les couleurs

Add a question and a preference

Quelle est ta couleur préférée? What is your favourite colour?
Ma couleur préférée est bleu. My favourite colour is blue.

Add a noun

Remember colours in French follow the noun!
*J'ai un tee-shirt **noir.*** I have a black t-shirt.
*J'ai un sweat **vert.*** I have a green sweater.
*J'ai une robe **bleue.*** I have a blue dress.

Don't forget to add an 'e' if the noun is feminine!
Look out for the irregular ones!
Use the table below to help you.

Masculine	Feminine
vert	verte
bleu	bleue
brun	brune
gris	grise
noir	noire
rouge	rouge
jaune	jaune
blanc	blanche

Sing a song

Reinforce vocabulary by singing a song such as 'Les couleurs' from *Chantez Plus Fort.*

As-tu un animal?

un chien	a dog
un chat	a cat
un lapin	a rabbit
un hamster	a hamster
une souris	a mouse
un oiseau	a bird
un poisson	a fish
un cochon d'Inde	a guinea pig

As-tu un animal?
Do you have a pet?

Oui, j'ai un chien et un chat.
Yes, I've got a dog and a cat.

Je n'ai pas d'animal.
I haven't got any pets.

As-tu un animal? ✂ Matching cards

un chien	a dog
un chat	a cat
un lapin	a rabbit
un oiseau	a bird
un poisson	a fish
une souris	a mouse
un cochon d'Inde	a guinea pig
un hamster	a hamster

As-tu un animal?

un chien	
un chat	
un lapin	
un oiseau	
un poisson	
un cochon d'Inde	
un hamster	

As-tu un animal?   Activity sheet

Nom: ....   Date: ....

I know the names of animals in French.
Draw the animals described below.
Make sure you use the right colour!

un chien bleu   *un chat vert*   *une souris rose*

un oiseau blanc   *un hamster rouge*   *un lapin jaune*

un poisson violet   *un cochon d'Inde noir*

Extra!

As-tu an animal?
Do you have a pet?

As-tu un animal?

Cherche les mots dans la grille.
Search for the words in the grid.

animal
chien
chat
lapin
hamster
souris
oiseau
poisson
cochon d'Inde

q	s	d	v	a	n	i	m	a	l	s	d
h	a	m	s	t	e	r	t	u	a	o	c
u	i	e	w	c	z	x	t	r	p	l	h
p	o	r	z	u	p	i	o	n	i	b	i
g	c	o	c	h	o	n	d'	i	n	d	e
h	o	i	p	m	i	m	a	l	s	p	n
c	y	s	g	l	s	y	s	j	h	g	l
s	h	e	o	p	s	g	p	l	o	m	j
j	s	a	h	s	o	u	r	i	s	o	h
m	o	u	t	y	n	o	s	m	a	l	s

Remets les lettres dans l'ordre.
Put the letters in order.

ctah	chat
palin	....
rissou	....
esahmtr	....
soiuae	....
nheic	....
nossipo	....

Devine l'animal.
Guess the animal.

u _ / l _ _ _ _ _
u _ _ / _ o u _ _ s
_ _ / _ _ _ t
_ _ / _ _ i _ _
_ _ / _ a _ _ _ _ _

Devine qui?
Who am I?

I bark.	....
I squeak.	....
I miaow.	....
I like carrots.	....

Relie les mots et les images.
Match the words to the pictures.

A  B   C

un chat   ....
un lapin   ....
un chien   ....

As-tu un animal? Sentence building

Ask a question
As-tu un animal?   Do you have a pet?

Use 'J'ai …' or 'Je n'ai pas de …
Oui, j'ai un chat/un chien.   Yes, I have a cat/a dog.
Non, je n'ai pas d'animal.   No, I don't have a pet.

Add the connective 'et'
*J'ai un chien **et** un chat.*   I have a dog and a cat.

Add a name
J'ai un chat, 'Fluff.'   I have a cat, 'Fluff'.
*J'ai un chien **qui s'appelle** 'Patch'.*   I have dog called 'Patch'.

Add a colour
Remember colours in French follow the noun!
*J'ai un chat **gris**.*   I have a grey cat.
*J'ai un chien **brun**.*   I have a brown dog.
*J'ai une souris **grise**.*   I have a grey mouse.

**Don't forget to add an 'e'
if the noun is feminine!
Look out for the irregular ones!
Use the table (right) to help you.**

Masculine	Feminine
vert	verte
bleu	bleue
brun	brune
gris	grise
noir	noire
rouge	rouge
jaune	jaune
blanc	blanche

Add an opinion
*J'aime **mon** chien/**ma** souris/**mes** poissons.*
I love my dog/my mouse/my fish.

*J'adore **mon** lapin/**ma** souris/**mes** chats.*
I adore my rabbit/my mouse/my cats.

Sing a song
Use a song such as 'Footfoot, tu as un animal' from *Chantez Plus Fort!*

La salle de classe

une porte	a door
une fenêtre	a window
une table	a table
une chaise	a chair
un ordinateur	a computer
un tableau	a board
un professeur	a teacher
un cahier	an exercise book
un livre	a text book
une trousse	a pencil case
une règle	a ruler
une gomme	an eraser
un crayon	a pencil
un taille-crayon	a pencil sharpener
un stylo	a pen
des ciseaux	scissors
des feutres	felt tips

Dans la salle de classe, il y a ...
In the classroom, there is ...

La salle de classe ✂ Matching cards

une table	**a table**
une chaise	**a chair**
un livre	**a book**
un crayon	**a pencil**
un stylo	**a pen**
une règle	**a ruler**

© Nicolette Hannam, Michelle Williams and Brilliant Publications. Bonne Idée.

La salle de classe ✂ Matching cards

une gomme	**an eraser**
des feutres	**felt tips**
une porte	**a door**
une trousse	**a pencil case**
une fenêtre	**a window**
des ciseaux	**scissors**

La salle de classe

une table	
une chaise	
un livre	
un crayon	
un stylo	
une règle	

La salle de classe

une gomme	
des feutres	
une porte	
une trousse	
une fenêtre	
des ciseaux	

La salle de classe

Nom: .... Date: ....

I know the names of objects in the classroom in French.

Unscramble these words and write them correctly. Then draw a picture to match each word.

un glerè

....

une fêerten

....

une trope

....

une ssoutre

....

une belta

....

un onyrac

....

une aieshc

....

des seicxua

....

une egmom

....

Extra!

Now choose two words to scramble yourself. Write them here.

La salle de classe

Cherche les mots dans la grille.
Search for the words in the grid.

porte
fenêtre
table
chaise
tableau
professeur
cahier
livre
règle
gomme
crayon
stylo

f	e	n	ê	t	r	e	x	c	a
r	g	e	t	a	b	l	e	r	c
p	o	r	t	e	n	b	l	a	a
o	m	i	d	a	h	b	i	y	h
l	m	r	e	a	b	o	v	o	i
o	e	i	p	u	s	l	r	n	e
p	r	o	f	e	s	s	e	u	r
g	f	r	è	g	l	e	n	a	b
c	h	a	i	s	e	j	k	p	u
r	e	s	d	s	t	y	l	o	x

Remets les lettres dans l'ordre.
Put the letters in order.

letba   table
vreli   ....
ylost   ....
trope   ....
mmoge   ....
haices   ....
ryacno   ....

Devine?
What am I?

You write with me.   ....
You write in me.   ....
You sit on me.   ....
I am different colours.   ....
I am sharp.   ....

Qu'est-ce que c'est?
What is it?

_ _ / _ _ y _ _
u _ _ / _ _ _ _ e
_ n / l _ _ _ _
_ _ _ / _ è _ _ _
u _ _ / _ _ _ _ s _

Relie les mots et les images.
Match the words to the pictures.

A   B   C

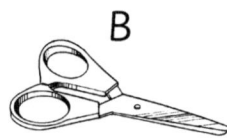 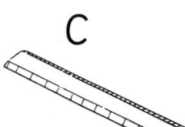

un règle   ....
un crayon   ....
des ciseaux   ....

La salle de classe Sentence building

Ask questions

Qu'est-ce qu'il y a dans la salle de classe?

What have you got in your classroom?

Qu'est-ce qu'il y a dans ton sac?

What have you got in your bag?

Use, 'dans la salle de classe, il y a …'

Dans la salle de classe, il y a une porte, un ordinateur …
In the classroom there is a door, a computer …
or
Dans mon sac, il y a un cahier, une gomme et un stylo.
In my bag, there is an exercise book, an eraser and a pen.

Reinforce numbers

Il y a combien de portes dans la salle de classe?
How many doors are there in the classroom?

Sing a song

Use a song such as 'La chanson des listes' from *Chantez Plus Fort!*

© Nicolette Hannam, Michelle Williams and Brilliant Publications. Bonne Idée.

Au collège

l'anglais	**English**
le français	**French**
les maths	**maths**
les sciences	**science**
l'histoire	**history**
la géographie	**geography**
le sport	**PE**
le dessin	**art**
la musique	**music**
la technologie	**design technology**

Quelle est ta matière préférée?

What is your favourite subject?

J'aime ...	I like ...
J'adore ...	I love ...
Je n'aime pas ...	I don't like ...
Je déteste ...	I hate ...

le français	**French**
l'anglais	**English**
les sciences	**science**
les maths	**maths**
l'histoire	**history**
la géographie	**geography**

le sport	**PE**
le dessin	art
la technologie	**design technology**
la musique	music
j'aime ...	**I like ...**
je n'aime pas ...	**I don't like ...**

Au collège

Nom: .... Date: ....

I know the names of school subjects in French.

Write each of the school subjects from the vocabulary box below in the correct column in the table to show how much you like each one.

J'adore …	J'aime …	Je n'aime pas …	Je déteste …

l'anglais	English	**le français**	French
les maths	maths	**les sciences**	science
l'histoire	history	**la géographie**	geography
le sport	PE	**le dessin**	art
la musique	music	**la technologie**	design technology

Extra!

Quelle est ta matière préférée?
Which is your favourite subject?

© Nicolette Hannam, Michelle Williams and Brilliant Publications. Bonne Idée.

Au collège

Cherche les mots dans la grille.
Search for the words in the grid.

anglais
français
maths
sciences
histoire
géographie
sport
dessin
musique

m	a	h	o	d	u	w	e	t	r
u	n	f	i	e	r	s	o	h	s
s	g	o	i	s	t	s	p	a	c
i	l	s	e	s	t	p	o	t	i
q	a	w	r	i	n	o	f	t	e
u	i	n	s	n	l	r	i	k	n
e	s	s	e	n	t	t	i	r	c
g	é	o	g	r	a	p	h	i	e
o	r	s	d	c	m	a	t	h	s
f	r	a	n	ç	a	i	s	l	m

Remets les lettres dans l'ordre.
Put the letters in order.

nilasga   *anglais*
ecsneics   ....
psrto   ....
snedis   ....
quiemsu   ....
asifnarç   ....
esihrtio   ....

Devine?
Which subject?

Times tables   Maths
Bonjour!   ....
Bang the drum   ....
Paints   ....
Throw a ball   ....

Relie les mots et les images.
Match the words and pictures.

A   B   C

La géographie   ....
Le sport   ....
Les maths   ....

Au collège   Sentence building

Add a preference

Quelle est ta matière préférée?	What is your favourite subject?
Ma matière préférée est le français.	My favourite subject is French.

Add an opinion

 *J'aime le français.* I like French.

 *J'adore le sport.* I adore sport.

 Je n'aime pas le dessin. I don't like art.

 *Je déteste la géographie.* I hate geography.

Extend the opinion

C'est intéressant.	It's interesting.
C'est facile.	It's easy.
C'est ennuyeux.	It's boring.
C'est difficile.	It's difficult.

Sing a song

Reinforce vocabulary using a song such as 'Je me presente' in *Chantez Plus Fort!*

55

Bon appétit

une pizza	a pizza
un hot-dog	a hot-dog
un hamburger	a hamburger
une omelette	an omelette
des frites	chips
du poulet	chicken
du fromage	cheese
des légumes	vegetables
un sandwich	a sandwich
un gâteau	a cake
une glace	an ice-cream
des bonbons	sweets
un jus d'orange	an orange juice
un coca	a cola
une limonade	a lemonade
un café	a coffee
un thé	a tea

Je voudrais ...	I would like ...
s'il vous plaît	please
merci	thank you

56

Bon appétit

une pizza	a pizza
des frites	chips
du poulet	chicken
des légumes	vegetables
du fromage	cheese
un gâteau	a cake

© Nicolette Hannam, Michelle Williams and Brilliant Publications. Bonne Idée.

✂ Matching cards

un thé	a tea
un coca	a cola
un café	a coffee
des bonbons	sweets
une glace	an ice-cream
Je voudrais ...	I would like ...

Bon appétit

une pizza	
des frites	
du poulet	
des légumes	
du fromage	
un gâteau	

Bon appétit

un thé	
un coca	
un café	
des bonbons	
une glace	
un hamburger	

Bon appétit

Nom: .... Date: ....

I know the names of some food and drinks in French.

Draw and label a meal below, including a main dish, a dessert and a drink. Choose from the vocabulary in the box below.

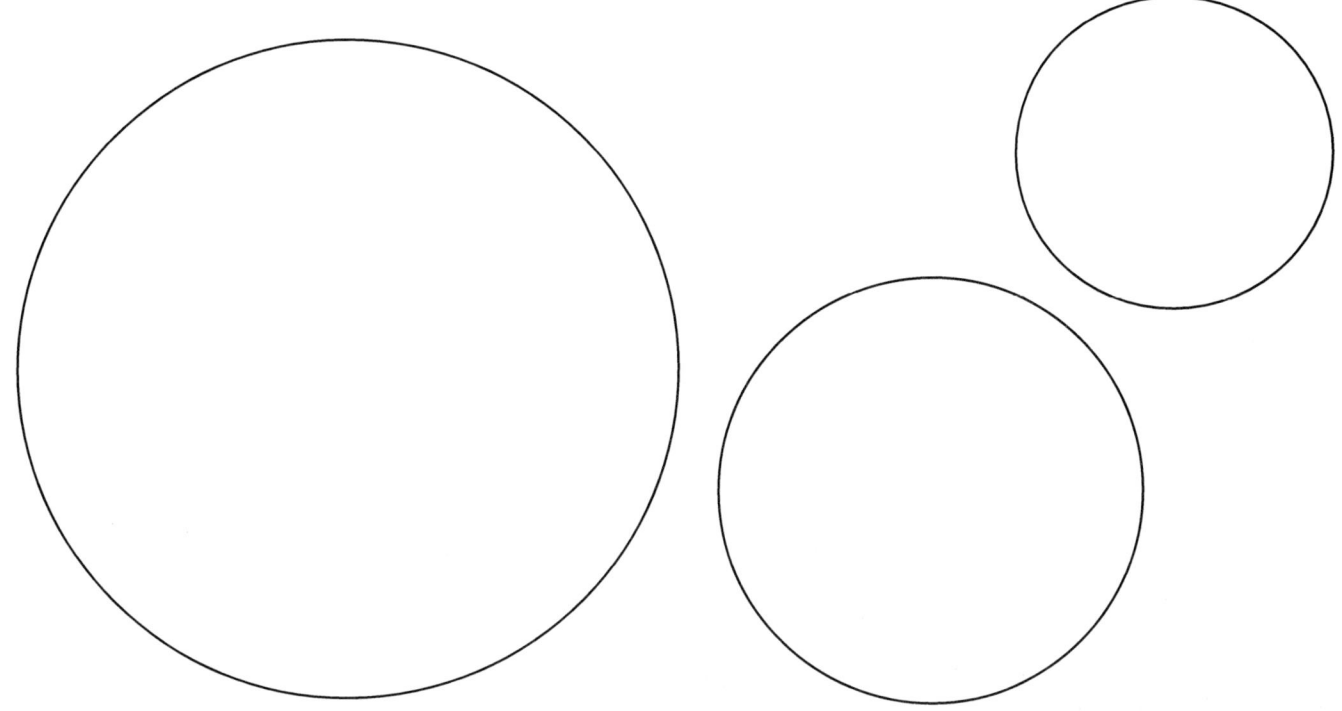

une pizza	a pizza	**un hot-dog**	a hot-dog
un hamburger	a hamburger	**une omelette**	an omelette
des frites	chips	**du poulet**	chicken
du fromage	cheese	**des légumes**	vegetables
un sandwich	a sandwich	**un gâteau**	a cake
une glace	an ice-cream	**des bonbons**	sweets
un jus d'orange	an orange juice	**un coca**	a cola
une limonade	a lemonade	**un café**	a coffee
un thé	a tea		

Extra!

Qu'est-ce que tu aimes manger?
What do you like to eat?

Bon appétit

Cherche les mots dans la grille.
Search for the words in the grid.

hamburger
omelette
frites
poulet
fromage
légumes
gâteau
glace
bonbons
jus d'orange
thé

m	o	o	c	r	e	e	d	f	o	i	j
h	a	m	b	u	r	g	e	r	f	y	m
m	o	b	e	y	e	r	â	i	m	o	p
e	p	o	u	l	e	t	s	t	h	é	l
r	a	n	d	u	e	f	r	e	e	l	é
c	o	b	b	e	r	t	o	s	j	a	g
i	l	o	m	i	o	s	t	r	a	m	u
l	o	n	i	g	l	a	c	e	r	t	m
j	u	s	d'	o	r	a	n	g	e	r	e
a	d	d	f	r	o	m	a	g	e	l	s

Remets les lettres dans l'ordre.
Put the letters in order.

zizap   pizza
trifes   ....
lagec   ....
mforgea   ....
teloup   ....
écaf   ....
snobbno   ....

Relie les mots et les images.
Match the words to the pictures.

A   B   C

le poulet   ....
la pizza   ....
un coca   ....

Complète la liste.
Complete the list.

Snacks salés (savoury snacks)	Snacks sucrés (sweet snacks)	Boissons (drinks)
des frites	gâteau	café

Bon appétit

Sentence building

Make up a café dialogue
Useful vocabulary

A   **Bonjour, Monsieur/Madame.**
Hello, Sir/Madam.
Vous désirez?
What would you like?

B   **Je voudrais une pizza et des frites s'il vous plaît.**
I'd like a pizza and chips please.

A   **Et avec ça?**
Anything else?

B   **Je voudrais un jus d'orange s'il vous plaît.**
An orange juice please.
C'est délicieux.
It's delicious.
L'addition s'il vous plaît.
The bill please.

A   **Voilà, 8 euros. Merci.**
Here you are, that's 8 euros. Thank you.

B   **Merci. Au revoir.**
Thank you. Goodbye.

Add an opinion

   **J'aime le poulet.**   I like chicken.

   **J'adore les bonbons.**   I love sweets.

   Je n'aime pas les légumes.   I don't like vegetables.

   **Je déteste le fromage.**   I hate cheese.

Sing a song
Use a song such as 'Miam, miam, c'est délicieux' from *Chantez Plus Fort!*

Quel temps fait-il?

Key vocabulary

il pleut	**it's raining**
il neige	**it's snowing**
il fait du soleil	**it's sunny**
il fait du vent	**it's windy**
il fait du brouillard	**it's foggy**
il fait de l'orage	**it's stormy**
il fait froid	**it's cold**
il fait chaud	**it's hot**

aujourd'hui	today
demain	tomorrow

à Paris	in Paris
à Leeds	in Leeds
dans le nord	in the North
dans le sud	in the South
dans l'est	in the East
dans l'ouest	in the West

64

Quel temps fait-il? ✂ Matching cards

il pleut	**it's raining**
il neige	**it's snowing**
il fait froid	**it's cold**
il fait chaud	**it's hot**
il fait du vent	**it's windy**
il fait du soleil	**it's sunny**
il fait de l'orage	**it's stormy**
il fait du brouillard	**it's foggy**

Quel temps fait-il? ✂ Picture cards

il pleut	
il neige	
il fait froid	
il fait chaud	
il fait du vent	
il fait du soleil	
il fait de l'orage	
il fait du brouillard	

Quel temps fait-il? Activity sheet

Nom: .... Date: ....

I can describe the weather in French.

Draw lines to match each English weather phrase to the correct French phrase. Then draw a picture to match each French phrase.

It is stormy	*Il pleut*	
It is windy	*Il neige*	
It is raining	*Il fait du soleil*	
It is sunny	*Il fait du vent*	
It is snowing	*Il fait de l'orage*	

Extra!

Quel temps fait-il aujourd'hui?
What's the weather like today?

Quel temps fait-il?

Cherche les mots dans la grille.
Search for the words in the grid.

pleut	l	o	u	e	s	t	p	r	e	s
neige	k	s	o	l	e	i	l	m	o	i
soleil	d	u	e	r	s	v	e	n	t	a
vent	f	d	o	p	a	r	u	w	q	u
brouillard	r	o	y	a	z	g	t	o	l	k
orage	o	r	n	e	i	g	e	v	e	c
froid	i	v	o	r	t	g	j	s	s	h
chaud	d	e	r	m	i	f	g	o	t	a
demain	w	i	d	e	m	a	i	n	n	u
nord	b	r	o	u	i	l	l	a	r	d
sud										
est										
ouest										

Remets les lettres dans l'ordre.
Put the letters in order.

li tleup	*il pleut*
li enieg	....
li tfai duach	....
li fita ud tvne	....
li ftia drfio	....
li iaft ud lsolie	....

Relie les mots et les images.
Match the words and pictures.

A   B   C

Il neige.   ....
Il pleut.   ....
Il fait du soleil.   ....

Quel temps fait-il? Sentence building

Add a town

À Mirfield, il fait chaud.	In Mirfield it's hot.
À Leeds, il pleut.	In Leeds it's raining.

Add a country

En France, il fait du soleil.	In France it's sunny.
En Angleterre, il fait du vent.	In England it's windy.

Use a weather map and make a forecast

Au nord, il neige.	In the North, it's snowing.
Au sud, il fait du brouillard.	In the South, it's foggy.
À l'est, il fait froid.	In the East, it's cold.
À l'ouest, il fait de l'orage.	In the West, it's stormy.

Add the seasons

Au printemps, il fait beau.	In the spring, it's nice weather.
En été, ...	In the summer, ...
En automne, ...	In the autumn, ...
En hiver, ...	In the winter, ...

Sing a song

Reinforce vocabulary by singing a song such as 'La chanson des listes' from *Chantez Plus Fort!*

Le corps

Key vocabulary

le visage	face
le nez	nose
la tête	head
la bouche	mouth
les yeux	eyes
les oreilles	ears
les cheveux	hair
les épaules	shoulders
le bras	arm
la main	hand
le ventre	stomach
le dos	back
la jambe	leg
le genou	knee
le pied	foot

J'ai mal à la tête.	I've got a headache.
J'ai mal au dos.	I've got backache.
J'ai mal aux oreilles.	I've got earache.

70

Le corps

les yeux	eyes
la tête	head
les oreilles	ears
la bouche	mouth
la main	hand
la jambe	leg

le bras	**arm**
le ventre	**tummy**
le dos	**back**
le genou	**knee**
le pied	**foot**
les cheveux	**hair**

Le corps

les yeux	
le visage	
les oreilles	
la bouche	
la main	
la jambe	

Le corps

le bras	
le ventre	
le dos	
le genou	
le pied	
les cheveux	

Le corps

Nom: .... Date: ....

I know the parts of the body in French.

Draw the monster that is described in the box below and colour it in.

> Mon monstre a deux têtes,
> quatre bras et huit oreilles.
> Mon monstre a quatre mains,
> trois jambes et trois pieds.
> Mon monstre a une bouche,
> sept yeux et trois nez.

Extra!

Which colours have you used on your monster? Can you list them, in French?

Nicolette Hannam, Michelle Williams and Brilliant Publications. Bonne Idée.

Le corps

Cherche les mots dans la grille.
Search for the words in the grid.

j	t	r	e	o	i	c	n	e	z	e	s
a	r	b	e	q	r	z	i	o	n	b	t
m	s	é	d	f	g	e	l	k	d	o	s
b	u	p	r	e	r	h	i	m	p	u	o
e	m	a	i	n	l	y	k	l	d	c	f
o	i	u	s	p	i	e	d	x	l	h	c
v	r	l	a	s	h	u	p	k	l	e	m
c	h	e	v	e	u	x	o	p	h	l	s
o	p	s	h	j	r	t	t	ê	t	e	w
t	r	e	e	n	z	v	i	s	a	g	e

visage
nez
tête
bouche
yeux
oreilles
cheveux
épaules
main
dos
pied
jambe

Remets les lettres dans l'ordre.
Put the letters in order.

al êett   *la tête*
al naim   ....
el srab   ....
el sdo   ....
al ubohce   ....
sel xyeu   ....
al ajmbe   ....

Ecris les légendes.
Write labels.

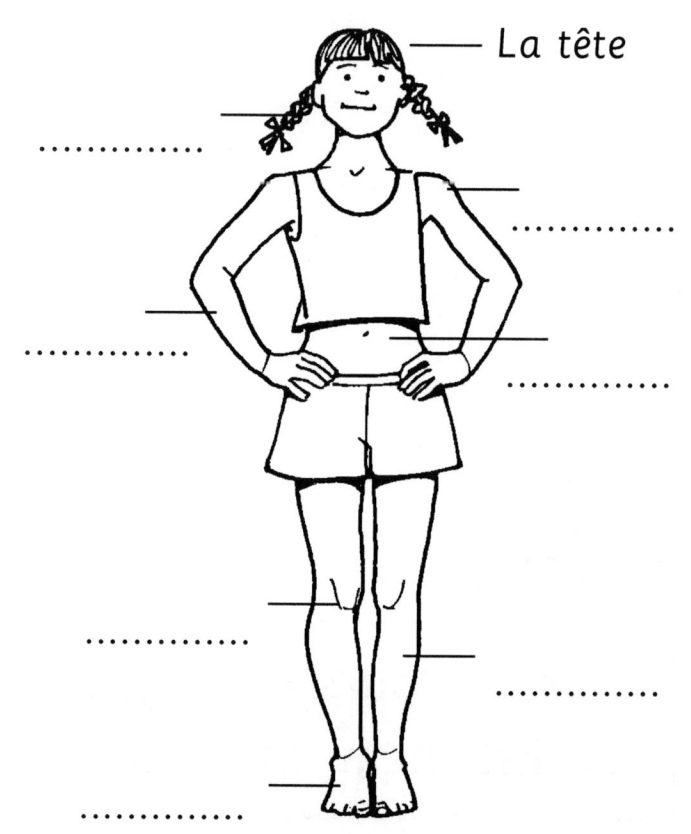

La tête

....

....

....

....

....

....

Le corps Sentence building

Play a game using *'touchez ...'*

Touchez le nez.	Touch your nose.
Touchez les yeux.	Touch your eyes.

Reinforce numbers using *'j'ai'* for 'I have'

J'ai deux jambes.	I have two legs.
J'ai une bouche.	I have one mouth.

Introduce negatives

Je n'ai pas quatre genoux.	I don't have four knees.

Introduce illness

J'ai mal à la tête.	I have a headache.
J'ai mal au dos.	I have backache.
J'ai mal aux oreilles.	I have earache.

Add a song

Sing 'Head, shoulders, knees and toes' in French (literally in French you sing 'Head, shoulders, knees and feet'):

La tête, les épaules, les genoux et les pieds.
La tête, les épaules, les genoux et les pieds.

Les yeux, les oreilles, la bouche et le nez,
La tête, les épaules, les genoux et les pieds.

Mes passe-temps

Key vocabulary

Je joue au foot	I play football
Je joue au rugby	I play rugby
Je joue au tennis	I play tennis
Je fais du skate	I skateboard
Je fais du vélo	I ride my bike
Je fais du shopping	I go shopping
Je fais de l'équitation	I horse ride
Je fais de la natation	I swim
Je fais de la danse	I dance
J'écoute de la musique	I listen to music
Je regarde la télé	I watch TV
Je vais au cinéma	I go to the cinema
avec mes copains	with my friends
le week-end	at the weekend

78

Mes passe-temps ✂ Matching cards

Je joue au foot	**I play football**
Je fais du vélo	**I ride my bike**
Je fais de la natation	**I swim**
Je fais du shopping	**I go shopping**
Je vais au cinéma	**I go to the cinema**
Je regarde la télé	**I watch TV**

J'écoute de la musique	**I listen to music**
Je fais de la danse	**I go dancing**
Je joue au tennis	**I play tennis**
Je joue à l'ordinateur	**I play on my computer**
le week-end	**at the weekend**
avec mes copains	**with my friends**

Mes passe-temps

✂ Picture cards

Je joue au foot	
Je fais du vélo	
Je fais de la natation	
Je fais du shopping	
Je vais au cinéma	
Je regarde la télé	

Mes passe-temps

J'écoute de la musique	
Je fais de la danse	
Je joue au tennis	
Je joue au rugby	
Je fait du skate	
Je fait de l'équitation	

Mes passe-temps   Activity sheet

Nom: ....   Date: ....

I can describe my hobbies in French.

Draw yourself below. Then choose at least four phrases from the
vocabulary box to describe your hobbies. Write them neatly around
your picture. Illustrate your ideas.

Je joue au foot	I play football	*Je joue au rugby*	I play rugby
Je joue au tennis	I play tennis	*Je fais du skate*	I skateboard
Je fais du vélo	I ride my bike	*Je fais du shopping*	I shop
Je fais de l'équitation	I horse ride	*Je fais de la natation*	I swim
Je fais de la danse	I dance	*J'écoute de la musique*	I listen to
Je regarde la télé	I watch TV		music

Extra!

Quels sont tes passe-temps préférés?

What are your favourite hobbies?

83

Mes passe-temps

Cherche les mots dans la grille.
Search for the words in the grid.

foot
rugby
tennis
skate
vélo
natation
danse
musique
cinéma
copains
week-end

d	r	e	c	o	p	a	i	n	s
a	r	t	i	x	t	e	r	g	k
n	o	h	n	a	e	r	e	b	a
s	a	y	é	r	n	f	o	o	t
e	r	t	m	o	n	h	g	k	e
o	r	s	a	m	i	v	é	l	o
p	u	r	e	t	s	y	u	n	p
o	g	m	u	s	i	q	u	e	m
i	b	r	e	a	s	o	y	t	g
m	y	w	e	e	k	e	n	d	n

Remets les lettres dans l'ordre.
Put the letters in order.

el toof   *le foot*
al sdaen   ....
el ménica   ....
ej ojue   ....
el nsntei   ....
al éétl   ....

Relie les mots et les images.
Match the words and pictures.

A   B   C

Je joue au tennis.   ....
Je regarde la télé.   ....
Je fais du vélo.   ....

Mes passe-temps — Sentence building

Say when

Je joue au foot le week-end.   I play football at the weekend.
Je vais au cinéma le samedi.   I go to the cinema on Saturdays.

Say who with

Je joue au foot avec mon copain.   I play with my friend (boy).
Je joue au tennis avec ma copine.   I play tennis with my friend (girl).
Je fais du skate avec mes copains.   I skateboard with my friends.
Je vais au cinéma avec ma famille.   I go to the cinema with my family.

Add an opinion

   J'aime le foot.   I like football.

   J'adore la danse.   I love dancing.

   Je n'aime pas le rugby.   I don't like rugby.

   Je déteste le tennis.   I hate tennis.

Extend the opinion

C'est super.   It's great.
C'est génial.   It's brilliant.
C'est ennuyeux.   It's boring.

Les vêtements

une jupe	**a skirt**
une veste	**a jacket**
une robe	**a dress**
un tee-shirt	**a t-shirt**
un sweat	**a sweatshirt**
un jean	**jeans**
un pantalon	**trousers**
un short	**shorts**
un pull	**a jumper**
un pyjama	**pyjamas**
des baskets	**trainers**
des chaussures	**shoes**

Qu'est-ce que tu portes?

What are you wearing?

Je porte ...	I am wearing ...
un jean bleu	blue jeans
une robe bleue	a blue dress

86

Les vêtements   ✂ Matching cards

Je porte ...	**I am wearing ...**
un jean	**jeans**
un pantalon	**trousers**
un pull	**a jumper**
un tee-shirt	**a t-shirt**
un short	**shorts**

Les vêtements

un pyjama	pyjamas
une robe	a dress
une veste	a jacket
une jupe	a skirt
des baskets	trainers
des chaussures	shoes

Les vêtements

Je porte ...	
un jean	
un pantalon	
un pull	
un tee-shirt	
un short	

un pyjama	
une robe	
une veste	
une jupe	
des baskets	
des chaussures	

Les vêtements

Activity sheet

Nom: ....   Date: ....

I can name items of clothing in French.
Draw and colour the clothing described here.

une robe bleue

un pantalon vert

des baskets noirs et jaunes

un pull rouge

Extra!

Now draw and describe some of your clothes,
in French.

Nicolette Hannam, Michelle Williams and Brilliant Publications. Bonne Idée.

Les vêtements

Cherche les mots dans la grille.
Search for the words in the grid.

jupe
veste
robe
tee-shirt
sweat
jean
pantalon
short
pull
pyjama
baskets
chaussures

j	u	m	e	t	r	p	u	l	l
s	o	p	y	j	a	m	a	n	t
c	h	a	u	s	s	u	r	e	s
s	u	n	t	y	o	p	v	e	w
t	r	t	o	j	u	p	e	m	e
s	b	a	s	k	e	t	s	u	a
h	o	l	i	d	v	y	t	j	t
o	r	o	b	e	r	y	e	e	t
r	u	n	b	t	e	r	n	a	b
t	e	e	s	h	i	r	t	n	x

Remets les lettres dans l'ordre.
Put the letters in order.

nu neaj — *un jean*
nu lulp — ....
nue puje — ....
enu esvte — ....
sed skabest — ....
nu trosh — ....

Relie les mots et les images.
Match the words and pictures.

A   B   C

une jupe — ....
des baskets — ....
un jean — ....

Qu'est-ce que c'est?
What is it?

_ n / _ _ _ t _ _ _ n
_ _ e / _ _ b _
d _ _ / _ _ _ _ s s _ _ _ _
_ _ / _ y _ _ _ _
j _ / p _ _ _ _

92

Les vêtements

Describe what you are wearing

Qu'est-ce que tu portes?	What are you wearing?
Je porte un jean et un tee-shirt.	I'm wearing jeans and a t-shirt.

Describe your ideal uniform

Mon uniforme idéal, c'est un pull et un jean.
My ideal uniform is a jumper and jeans.

Add a colour
Remember colours in French follow the noun!

J'ai un tee-shirt noir.	I have a black t-shirt.
J'ai un un sweat vert.	I have a green sweatshirt.
Je porte une robe bleue.	I'm wearing a blue dress.

Don't forget to add an 'e' if the noun is feminine!
Look out for the irregular ones!
Use the table below to help you.

Masculine	Feminine
vert	verte
bleu	bleue
brun	brune
gris	grise
noir	noire
rouge	rouge
jaune	jaune
blanc	blanche

En ville

Key vocabulary

la boulangerie	the bakery
la pâtisserie	the cake shop
la poste	the post office
la piscine	the swimming pool
la plage	the beach
la gare	the station
l'école	the school
le supermarché	the supermarket
le marché	the market
le café	the café
le cinéma	the cinema
le centre sportif	the leisure centre
le musée	the museum
l'hôtel de ville	the town hall

Voici le cinéma.	Here is the cinema.
Où habites-tu?	Where do you live?
J'habite à Leeds.	I live in Leeds.
Dans ma ville, il y a ...	In my town, there is ...

© Nicolette Hannam, Michelle Williams and Brilliant Publications. Bonne Idé

la boulangerie	**the bakery**
la pâtisserie	**the cake shop**
la gare	**the train station**
la poste	**the post office**
le musée	**the museum**
le supermarché	**the supermarket**

Nicolette Hannam, Michelle Williams and Brilliant Publications. Bonne Idée.

le café	**the café**
la piscine	**the swimming pool**
l'école	**the school**
le cinéma	**the cinema**
la plage	**the beach**
vla ville	**the town**

la boulangerie	
la pâtisserie	
la gare	
la poste	
le musée	
le supermarché	

En ville

le café	
la piscine	
l'école	
le cinéma	
la plage	
vla ville	

En ville

Nom: .... Date: ....

I can name places in a town in French.

For each of the buildings below, draw items that can be bought or found inside it.

| la pâtisserie | le marché | l'école |

| la piscine | la poste | le café |

Extra!

Which currency is used in French shops?

Nicolette Hannam, Michelle Williams and Brilliant Publications. Bonne Idée.

En ville

Cherche les mots dans la grille.
Search for the words in the grid.

boulangerie
pâtisserie
poste
piscine
plage
gare
école
supermarché
marché
café
cinéma
musée

a	b	o	u	l	a	n	g	e	r	i	e
p	â	t	i	s	s	e	r	i	e	c	d
i	l	n	e	s	t	t	u	n	g	l	p
s	b	a	c	i	n	é	m	a	b	p	o
c	h	e	g	a	r	e	m	s	m	t	s
i	a	j	l	e	e	r	m	b	u	n	t
n	a	f	c	a	r	d	s	e	s	w	e
e	g	n	é	m	a	r	c	h	é	m	p
c	h	o	k	l	é	c	o	l	e	m	n
d	s	u	p	e	r	m	a	r	c	h	é

Remets les lettres dans l'ordre.
Put the letters in order.

eun eairbgnleou *une boulangerie*
al aegr ....
el féca ....
al pnsicie ....
el émcnai ....
al pegla ....

Qu'est-ce que c'est?
Where am I?

You can swim here. *la piscine*
You can watch films here. ....
You buy stamps here. ....
You buy cakes here. ....
You have lessons here. ....

Relie les mots et les images.
Match the words and pictures.

A   B

C

une piscine ....
un café ....
un cinéma ....

En ville

Sentence building

Say where you live using 'j'habite à ...'
J'habite à Leeds.   I live in Leeds.

Say what there is in your town
*Dans ma ville, **il y a** ...*   In my town **there is** a ...

Use some prepositions
*La banque est **en face de** la poste.*
The bank is **opposite** the post office.

*La pisicne est **à côté de** la gare.*
The swimming pool is **next to** the station.

*La boulangerie est **entre** la piscine et la banque.*
The bakery is **between** the pool and the bank.

*Le café est **devant** l'école.*
The café is **in front** of the school.

*Le supermarché est **derrière** la banque.*
The supermarket is **behind** the bank.

Ma maison

la maison	the house
l'appartement	the flat
les pièces	the rooms
en haut	upstairs
en bas	downstairs
le salon	the lounge
la cuisine	the kitchen
la salle à manger	the dining room
la salle de bains	the bathroom
les waters	the toilet
la chambre	the bedroom
ma chambre	my bedroom
le garage	the garage
le jardin	the garden

Dans ma maison, il y a ... In my house, there is ...

la maison	**the house**
l'appartment	**the flat**
la cuisine	the kitchen
la salle à manger	**the dining room**
la salle de bains	**the bathroom**
le salon	the lounge

Nicolette Hannam, Michelle Williams and Brilliant Publications. Bonne Idée.

Ma maison

la chambre	**the bedroom**
les waters	**the toilet**
le garage	**the garage**
le jardin	**the garden**
en haut	upstairs
en bas	**downstairs**

Ma maison

la maison	
l'appartment	
la cuisine	
la salle à manger	
la salle de bains	
le salon	

Ma maison

la chambre	
les waters	
le garage	
le jardin	
en haut	
en bas	

Ma maison

Nom: .... Date: ....

I can name the rooms in a house in French.

Use the space below to draw and label a typical house, using the vocabulary in the box below. You may have to draw two separate floors.

en haut	upstairs	*en bas*	downstairs
le salon	the lounge	*la cuisine*	the kitchen
la salle à manger	the dining room	*les waters*	the toilet
la salle de bains	the bathroom	*la chambre*	the bedroom
ma chambre	my bedroom	*le garage*	the garage
le jardin	the garden		

Ideas for home: you could draw and label your dream house on large paper. Or build a 3D model.

Extra!

Can you name any types of furniture, in French? You could use a dictionary to help you.

Ma maison

Cherche les mots dans la grille.
Search for the words in the grid.

maison
appartement
pièces
haut
bas
salon
cuisine
salle de bains
chambre
garage
jardin

w	o	l	i	v	e	r	g	m	o	i	l
s	a	l	l	e	d	e	b	a	i	n	s
a	p	t	o	j	l	e	t	i	e	s	c
l	i	t	e	a	h	c	o	s	t	r	u
o	è	y	u	r	c	h	l	o	m	p	i
n	c	e	g	d	s	a	x	n	o	o	s
m	e	n	t	i	b	m	a	w	v	h	i
a	s	t	i	n	g	b	a	s	h	a	n
v	h	l	k	g	a	r	a	g	e	u	e
a	p	p	a	r	t	e	m	e	n	t	z

Remets les lettres dans l'ordre.
Put the letters in order.

al asimon   *la maison*

al uicisne   ....

el rgagae   ....

el rijdan   ....

el lasno   ....

am hcamreb   ....

C'est quelle pièce?
Which room is it?

Where you sleep.   *la chambre*

Where you cook.   ....

Where you play outside.   ....

Where you watch TV.   ....

Where you get washed.   ....

Relie les mots et les images.
Match the words and pictures.

A   B

C

le jardin   ....

ma chambre   ....

la salle de bains   ....

Ma maison

Use 'dans ma maison, il y a ...'

Dans ma maison, il y a la cuisine, la salle de bains ...
In my house there is the kitchen, the bathroom ...

Use a simple description

Ma maison est grande/petite.   My house is large/small.
Ma chambre est grande/petite.   My bedroom is large/small.
Ma chambre est bleue.   My bedroom is blue.

Describe a fantasy house

Dans la maison de rêves, il y a cinq salle de bains et dix chambres.
In my dream house there are five bathrooms and ten bedrooms.

Ask a question

As tu une pièce préférée?   Do you have a favourite room?

Joyeux Noël

Joyeux Noël	**Happy Christmas**
le père Noël	**Father Christmas**
la veille de Noël	**Christmas Eve**
un sapin	**a Christmas tree**
un bonhomme de neige	**a snowman**
un renne	a reindeer
un cadeau	a present
les lutins	the elves
une boule	a bauble
la dinde	turkey
l'étoile	the star
un ange	an angel
les rois mages	the Three Kings
les bergers	the shepherds
l'enfant Jésus	the baby Jesus
une étable	a stable
une crèche	a crib

110

Joyeux Noël	**Happy Christmas**
le père Noël	**Father Christmas**
un sapin	**a Christmas tree**
un bonhomme de neige	**a snowman**
un cadeau	**a present**
un renne	**a reindeer**

Nicolette Hannam, Michelle Williams and Brilliant Publications. Bonne Idée.

un ange	**an angel**
les Rois Mages	**the Three Kings**
les bergers	**the shepherds**
une crèche	**a crib**
une boule	**a bauble**
les lutins	**the elves**

Joyeux Noël

Joyeux Noël	Happy Christmas
le père Noël	
un sapin	
un bonhomme de neige	
un cadeau	
un renne	

Joyeux Noël

un ange	
les Rois Mages	
les bergers	
une crèche	
une boule	
les lutins	

Joyeux Noël

Nom: .... Date: ....

I know some Christmas words in French.

Draw lines to match up the English Christmas phrase to the correct French phrase. Then draw a picture to match each French phrase.

Father Christmas	***un bonhomme de neige***	
a snowman	***les Rois Mages***	
a Christmas tree	***un cadeau***	
the Three Kings	***le père Noël***	
a present	***un sapin***	

Extra!

What colours does le père Noël wear? Can you list them in French?

Joyeux Noël

Puzzle page

Cherche les mots dans la grille.
Search for the words in the grid.

Joyeux Noël
père Noël
sapin
renne
cadeau
lutins
boule
dinde
étoile
ange
bergers
enfant Jésus
étable
crèche

j	o	y	e	u	x	n	o	ë	l	x	é
g	o	c	r	è	c	h	e	h	a	t	t
g	r	u	p	è	r	e	n	o	ë	l	a
b	e	e	c	o	s	a	p	i	n	g	b
e	n	f	a	n	t	j	é	s	u	s	l
r	n	o	d	r	u	r	t	o	l	d	e
g	e	n	e	r	t	s	o	o	d	i	m
e	g	h	a	l	u	t	i	n	s	n	o
r	b	o	u	l	e	r	l	u	i	d	m
s	c	p	j	a	n	g	e	l	k	e	n

Remets les lettres dans l'ordre.
Put the letters in order.

el rèep ëonl   *le père Noël*
nu adcaue   ....
neu gean   ....
nu pasin   ....
esl gerbser   ....
neu loube   ....

Relie les mots et les images.
Match the words and pictures.

A   B   C

Qu'est-ce que c'est?
What is it?

_ _ / s _ _ _ _ _   *un sapin*
_ _ / _ n _ _
_ n _ / _ _ è _ _ _
_ _ _ / b _ _ _ _ _
_ _ s / _ _ o _ _ / _ a _ _ _

le sapin ....
le père Noël ....
le bonhomme de neige ....

116

Joyeux Noël

Dessine une carte.
Make a Christmas or New Year card.

Joyeux Noël!	Happy Christmas
Bonne Année!	Happy New Year
Chère Maman	Dear Mum
Cher Papa	Dear Dad
Bisous	Love from

Use 'il y a ...' to describe a nativity scene
Il y a un ange et l'étoile, les bergers ...
There is an angel and the star, the shepherds ...

Sing a song
Use 'Vive le Vent' from *Chantez Plus Fort!*

Nicolette Hannam, Michelle Williams and Brilliant Publications. Bonne Idée.

Saint-Valentin

Joyeux Saint-Valentin	**Happy Valentine's Day**
Je t'aime	**I love you**
Veux-tu m'épouser	**Will you marry me!**
Sors avec moi!	**Go out with me!**
mon petit copain	**my boyfriend**
ma petite copine	**my girlfriend**
un bisou	**a kiss**
un coeur	**a heart**
un cadeau	**a present**
une carte	**a card**
des fleurs	**flowers**
des chocolats	**chocolates**
chéri/chérie	**dear**
Cupidon	**Cupid**

118

Saint-Valentin	**Valentine's Day**
Cupidon	**Cupid**
des chocolats	**chocolates**
des fleurs	**flowers**
Je t'aime	**I love you**
Veux-tu m'épouser?	**Will you marry me?**

un bisou	a kiss
un cadeau	a present
une carte	a card
mon petit copain	my boyfriend
ma petite copine	my girlfriend
Sors avec moi!	Go out with me!

Saint-Valentin

Cupidon	
des chocolats	
des fleurs	
Je t'aime	
un bisou	
un cadeau	
une carte	
un coeur	

Saint-Valentin   Activity sheet

Nom: ....   Date: ....

I know some Valentine's Day words in French.

Unscramble these words and write them correctly. Then draw a picture to match each word.

nu rceou

....

eun treac

....

nu dacaue

....

nu sbiou

....

esd lefusr

....

eds hocclatso

....

ndoCpiu

....

Extra!

Now choose two words to scramble yourself. Write them here.

© Nicolette Hannam, Michelle Williams and Brilliant Publications. Bonne Idé

Saint-Valentin

Puzzle page

Cherche les mots dans la grille.
Search for the words in the grid.

petit copain
petite copine
bisou
coeur
cadeau
carte
fleurs
chocolats
Cupidon
aime
épouser
chérie

é	m	c	h	o	c	o	l	a	t	s	x
p	l	u	a	p	l	o	n	g	a	m	p
o	r	p	i	d	r	a	k	l	i	n	c
u	p	i	r	g	e	f	x	n	m	l	h
s	u	d	r	o	c	a	r	t	e	b	é
e	x	o	n	f	l	e	u	r	s	t	r
r	i	n	g	h	k	v	c	l	o	t	i
p	e	t	i	t	e	c	o	p	i	n	e
c	o	e	u	r	m	x	b	i	s	o	u
p	e	t	i	t	c	o	p	a	i	n	q

Remets les lettres dans l'ordre.
Put the letters in order.

nodpuci	Cupidon
sed lfsuer	....
nu adcuea	....
nue trace	....
nu soubi	....
ej t'amie	....

Qu'est-ce que c'est?
What is it?

s _ _ _ _ _ / v _ _ _ _ _ _ _ _
_ _ p _ _ _ _
_ _ s / f _ _ _ _ _
_ _ e / _ _ _ t _
m _ _ / _ e _ _ _ / c _ _ _ _ _

123

Nicolette Hannam, Michelle Williams and Brilliant Publications. Bonne Idée.

Saint-Valentin   Sentence building

Faites une carte de Saint-Valentin.
Make a Valentine's Day card.

Joyeux Saint-Valentin	Happy Valentine's Day
Cher Paul	Dear Paul
Chère Julie	Dear Julie
Je t'aime	I love you
Bisous	Love from

Écris une lettre.
Write a letter.

Ma Chérie	Darling (girl)
Mon Chéri	Darling (boy)
Tu es belle	You (female) are beautiful
Tu es beau	You (male) are handsome
Je t'aime	I love you
Je t'embrasse	Kisses

Mardi gras

une crêpe	a pancake
un oeuf	an egg
le lait	milk
la farine	flour
le beurre	butter
du sel	salt
une poêle	a pan
un déguisement	a costume
une fête	a party
un masque	a mask
un défilé	a parade
un char	a float

Mardi gras

une crèpe	a pancake
le beurre	butter
la farine	flour
un oeuf	an egg
le lait	milk
une poêle	a pan

Mardi gras

du sel	salt
un déguisement	a costume
un défilé	a parade
un char	a float
une fête	a party
un masque	a mask

Mardi gras

une crèpe	
le beurre	
la farine	
un oeuf	
le lait	
une poêle	

Mardi gras

du sel	
un déguisement	
un défilé	
un char	
une fête	
un masque	

Mardi gras

Activity sheet

Nom: .... Date: ....

I know some Shrove Tuesday words in French.

Draw and label the ingredients of a pancake in the bowl below. Use the vocabulary box to help you.

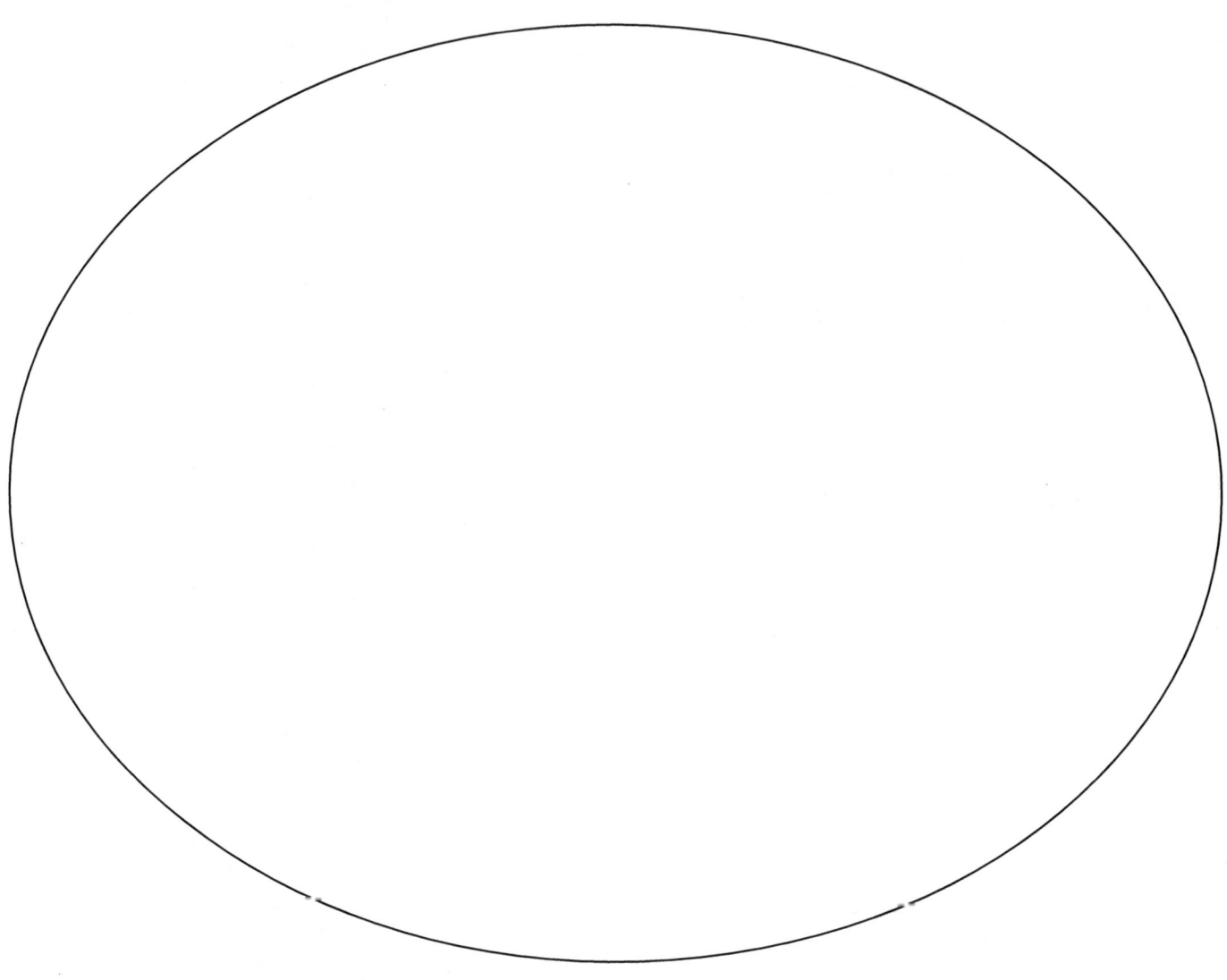

un oeuf	an egg	**le lait**	milk
la farine	flour	**le beurre**	butter
du sel	salt		

Extra!

How many pancake toppings can you name, in French?

Mardi gras

Cherche les mots dans la grille.
Search for the words in the grid.

Mardi gras
crèpe
oeuf
lait
farine
beurre
sel
poêle
fête
masque
défilé
char

x	m	a	s	q	u	e	c	r	e
o	m	a	r	d	i	g	r	a	s
c	h	a	r	k	m	o	è	n	o
l	o	p	i	b	l	o	p	l	e
f	a	r	i	n	e	g	e	m	u
l	o	i	p	p	l	u	n	g	f
o	k	j	t	o	m	b	r	i	g
k	l	i	f	ê	t	e	z	r	a
d	é	f	i	l	é	m	b	o	e
p	o	ê	l	e	v	s	e	l	d

Remets les lettres dans l'ordre.
Put the letters in order.

neu rèepc   *une crèpe*

el eburre   ....

ud les   ....

al friean   ....

nu fueo   ....

el tail   ....

Relie les mots et les images.
Match the words and pictures.

A   B   C

une crèpe   ....
un oeuf   ....
le lait   ....

Qu'est-ce que c'est?
What is it?

_ _ _ / _ _ è _ _   *une crèpe*

_ _ e / _ _ ê _ _

_ _ / _ _ _ t

d _ / _ _ l

_ _ / o _ _ _

Nicolette Hannam, Michelle Williams and Brilliant Publications. Bonne Idée.

Mardi gras

Mime making a pancake using the recipe below.

Mettez le tamis au dessus du saladier.	Put the sieve on top of the bowl.
Mettez la farine dans le tamis et dans le saladier.	Put the flour in the sieve and into the bowl.
Ajoutez une pincer de sel.	Add a little salt.
Mettez deux oeufs dans un autre saladier.	Put two eggs in another bowl.
Mettez du lait dans cet saladier.	Put the milk in this bowl.
Mettez les oeufs et le lait dans le saladier avec la farine.	Put the eggs and the milk in the bowl with the flour.
Mélangez.	Mix together.

Make a shopping list for pancakes.

Il y a un oeuf, le lait, du sel ...   There is an egg, milk, salt ...

Make a recipe card for pancakes.

ajoutez	add
mélangez	mix
cuisinez	cook

Joyeuses Pâques

Joyeuses Pâques	**Happy Easter**
le lapin de Pâques	**the Easter Bunny**
un oeuf de Pâques	**an Easter Egg**
du chocolat	**chocolate**
un panier	**a basket**
une jonquille	**a daffodil**
un agneau	**a lamb**
un poussin	**a chick**
une cloche	**a bell**
une église	**a church**
la chasse aux oeufs	**an Easter Egg hunt**
le printemps	**spring**

Joyeuses Pâques ✂ Matching cards

Joyeuses Pâques	**Happy Easter**
un lapin	**a rabbit**
du chocolat	**chocolate**
un oeuf	**an egg**
un panier	**a basket**
une jonquille	**a daffodil**

Joyeuses Pâques ✂ Matching cards

un agneau	**a lamb**
un poussin	**a chick**
une cloche	**a bell**
une église	**a church**
la chasse aux oeufs	**an Easter Egg hunt**
le printemps	spring

Joyeuses Pâques

Joyeuses Pâques	
un lapin	
du chocolat	
un oeuf	
un panier	
une jonquille	

Joyeuses Pâques

un agneau	
un poussin	
une cloche	
une église	
la chasse aux oeufs	
le printemps	

137

Joyeuses Pâques   Activity sheet

Nom: ....   Date: ....

I know some Easter words in French.

Draw the Easter objects described below. Take care to colour them the right colour!

un lapin bleu	*une cloche verte*	*une jonquille jaune*
un agneau blanc	*un poussin jaune*	*un panier rouge*
le chocolat marron	*une église noire*	*une cloche d'or*

Extra!

Design *un bonnet de Pâques* (an Easter bonnet) on the back of this sheet.

Joyeuses Pâques

Cherche les mots dans la grille.
Search for the words in the grid.

lapin
oeuf de Pâques
chocolat
panier
jonquille
agneau
poussin
cloche
église
printemps

e	a	s	f	p	a	n	i	e	r	j	p
c	l	o	g	é	g	l	i	s	e	m	o
l	o	k	l	e	n	g	o	n	g	g	u
o	e	u	f	d	e	p	â	q	u	e	s
c	g	c	f	c	a	h	u	c	e	g	s
h	k	l	o	c	u	m	e	a	s	g	i
e	j	o	n	q	u	i	l	l	e	n	n
m	o	l	a	p	i	n	p	l	i	b	g
c	h	o	c	o	l	a	t	q	u	i	f
s	t	o	p	r	i	n	t	e	m	p	s

Remets les lettres dans l'ordre.
Put the letters in order.

nu ilpan	*un lapin*
ud otlccaho	....
nu irpnae	....
nu sspiuon	....
nu eanuga	....
el mnepstirp	....

Devine qui?
Guess who?

A yellow flower.	*une jonquille*
I hop.	....
I'm yellow and fluffy.	....
I ring.	....
I'm delicious.	....

Nicolette Hannam, Michelle Williams and Brilliant Publications. Bonne Idée.

Joyeuses Pâques   Sentence building

Describe Easter using 'il y a ...'
Il y a le lapin de Pâques, des œufs de Pâques ...
There is the Easter Bunny, Easter eggs ...

Make an Easter card.

Joyeuses Pâques!	Happy Easter
Chère Maman	Dear Mum
Cher Papa	Dear Dad
Bisous	Love from

JOYEUSES PÂQUES

Halloween

un fantôme	a ghost
un crâne	a skull
un déguisement	a costume
un vampire	a vampire
un chat noir	a black cat
un squelette	a skeleton
une maison hantée	a haunted house
une sorcière	a witch
une araignée	a spider
des bonbons	sweets
une citrouille	a pumpkin
une chauve-souris	a bat

un fantôme	**a ghost**
un crâne	**a skull**
un déguisement	**a costume**
un vampire	**a vampire**
une maison hantée	**a haunted house**
Hune sorcière	**a witch**

Halloween

un chat noir	**a black cat**
un squelette	**a skeleton**
des bonbons	**sweets**
une araignée	**a spider**
une citrouille	**a pumpkin**
une chauve-souris	**a bat**

Nicolette Hannam, Michelle Williams and Brilliant Publications. Bonne Idée.

Halloween

un fantôme	
un crâne	
un déguisement	
un vampire	
une maison hantée	
une sorcière	

Halloween

un chat noir	
un squelette	
des bonbons	
une araignée	
une citrouille	
une chauve-souris	

Halloween

Activity sheet

Nom: .... Date: ....

I know some Halloween words in French.

Draw the outline of a large haunted house below. Then draw and label some spooky Halloween objects inside it. Use the vocabulary box to help you.

un fantôme	a ghost	*un crâne*	a skull
un déguisement	a costume	*un vampire*	a vampire
un chat noir	a black cat	*un squelette*	a skeleton
une chauve-souris	a bat	*une sorcière*	a witch
une citrouille	a pumpkin	*une araignée*	a spider
des bonbons	sweets	*une maison hantée*	a haunted house

Halloween

Puzzle page

Cherche les mots dans la grille.
Search for the words in the grid.

fantôme		m	a	i	s	o	n	h	a	n	t	é	e
crâne		c	l	o	b	o	n	b	o	n	s	t	s
déguisement		h	o	o	h	a	r	b	l	i	n	g	q
vampire		a	c	r	â	n	e	c	l	o	d	s	u
chat noir		t	c	i	t	r	o	u	i	l	l	e	e
squelette		n	i	n	b	l	o	p	r	è	r	e	l
maison hantée		o	m	k	i	v	a	m	p	i	r	e	e
sorcière		i	n	a	r	a	i	g	n	é	e	e	t
araignée		r	d	é	g	u	i	s	e	m	e	n	t
bonbons		z	f	a	n	t	ô	m	e	p	l	u	e
citrouille													

Remets les lettres dans l'ordre.
Put the letters in order.

eun lclioutrie _une citrouille_

nu tseteluqe ....

sde bsobnon ....

nu htca irno ....

nu ipvmear ....

eun èicreros ....

Qu'est-ce que c'est?
What is it?

_ _ / f _ _ _ ô _ _   _un fantôme_

_ _ e / _ _ _ c _ _ _ e

_ _ / _ _ _ t / _ o _ _

u _ _ / a _ _ _ g _ _ _

_ n / c _ _ _ _

Relie les mots et les images.
Match the words and pictures.

A   B   C

un fantôme ....

une sorcière ....

une citrouille ....

Devine qui?
Guess who?

I ride on my broomstick.   _une sorcière_

I am a black animal. ....

I am orange. ....

I have some big teeth. ....

I live in a web. ....

Halloween

Sentence building

Describe the haunted house you have drawn on the activity sheet

Dans ma maison hantée, il y a ...   In my haunted house there is ...

Charades

Children could pull a Halloween word out of a hat and mime the word. Children are to guess it using French:

C'est un vampire?   Is it a vampire?

Oui/Non.   Yes/No

Write a song

Children could write a spooky song listing Halloween words, to the tune of 'Head, shoulders, knees and toes'. They could add their own actions and perform it to the class.

Lightning Source UK Ltd.
Milton Keynes UK
09 December 2009

147276UK00001B/17/P